joeli Pinne

בִּרְכַּת הַמָּזוֹן
וּבִרְכוֹת הַנֶּהֱנִין

My Blessings For Food

Illustrated by Michael Horen

ALL RIGHTS RESERVED
© Copyright 1988, by MESORAH PUBLICATIONS, Ltd.
1969 Coney Island Avenue / Brooklyn, N.Y. 11223 / (718) 339-1700
Produced by SEFER CRAFT, INC. / Brooklyn, N.Y.

WASHING BEFORE BREAD – נְטִילַת יָדָיִם

Before you eat any kind of bread or matzah, wash each hand twice from a cup. After you have poured water on both hands, lift your hands and make this *berachah*. After the *berachah* you must wipe your hands dry before touching the bread.

בָּרוּךְ אַתָּה יהוה אֱלֹהֵינוּ מֶלֶךְ הָעוֹלָם,
אֲשֶׁר קִדְּשָׁנוּ בְּמִצְוֹתָיו, וְצִוָּנוּ עַל
נְטִילַת יָדָיִם.

We bless You, HASHEM our God, King of the whole world, Who made us holy with His *mitzvos* and commanded us to make our hands pure.

The *berachah* for bread is on page 5.

Do not talk or waste time before eating the bread. Make the *berachah* and dip the bread into salt. Then eat a piece of bread and be sure to swallow some before you talk.

בָּרוּךְ אַתָּה יהוה אֱלֹהֵינוּ מֶלֶךְ הָעוֹלָם, הַמּוֹצִיא לֶחֶם מִן הָאָרֶץ.

We bless You, HASHEM our God, King of the whole world, Who makes bread come out of the ground.

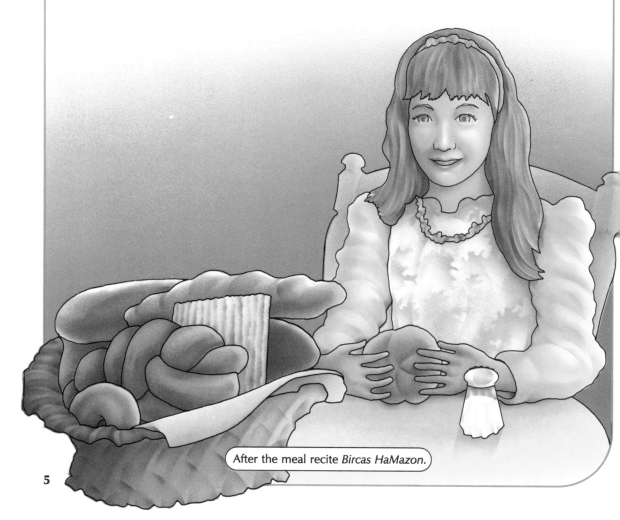

After the meal recite *Bircas HaMazon.*

Many people say this chapter from *Tehillim* before *Bircas Hamazon* on weekdays.

By the rivers of Babylon, we sat and cried as we remembered Jerusalem. We had hung our harps on the willow trees along the rivers. There the people who captured us made us sing and play happy songs on our harps, "Sing Jerusalem's songs for us!" they commanded.

We answered, "How can we sing HASHEM's songs in a strange land?"

If I forget you, O Jerusalem, let my right hand forget its skill. Let my tongue stick to my mouth if I do not remember you; if I do not raise Jerusalem's memory over my greatest joy.

O HASHEM, remember the day of Jerusalem's destruction, to punish the children of Esau who say, "Destroy! Destroy it completely!" O Babylon, you people who will soon be captured, praised is the one who will punish you the same way you treated us. Praised is the one who will destroy your offspring against the rock.

עַל נַהֲרוֹת בָּבֶל, שָׁם יָשַׁבְנוּ גַּם בָּכִינוּ, בְּזָכְרֵנוּ אֶת צִיּוֹן. עַל עֲרָבִים בְּתוֹכָהּ תָּלִינוּ כִּנֹּרוֹתֵינוּ. כִּי שָׁם שְׁאֵלוּנוּ שׁוֹבֵינוּ דִּבְרֵי שִׁיר וְתוֹלָלֵינוּ שִׂמְחָה, שִׁירוּ לָנוּ מִשִּׁיר צִיּוֹן. אֵיךְ נָשִׁיר אֶת שִׁיר יהוה, עַל אַדְמַת נֵכָר. אִם אֶשְׁכָּחֵךְ יְרוּשָׁלָיִם, תִּשְׁכַּח יְמִינִי. תִּדְבַּק לְשׁוֹנִי לְחִכִּי, אִם לֹא אֶזְכְּרֵכִי, אִם לֹא אַעֲלֶה אֶת יְרוּשָׁלַיִם עַל רֹאשׁ שִׂמְחָתִי. זְכֹר יהוה לִבְנֵי אֱדוֹם אֶת יוֹם יְרוּשָׁלָיִם, הָאֹמְרִים עָרוּ עָרוּ, עַד הַיְסוֹד בָּהּ. בַּת בָּבֶל הַשְּׁדוּדָה אַשְׁרֵי שֶׁיְּשַׁלֶּם לָךְ אֶת גְּמוּלֵךְ שֶׁגָּמַלְתְּ לָנוּ. אַשְׁרֵי שֶׁיֹּאחֵז וְנִפֵּץ אֶת עֹלָלַיִךְ אֶל הַסָּלַע.

6

TEHILLIM 126 — שִׁיר הַמַּעֲלוֹת

Many people say this chapter from *Tehillim* before *Bircas Hamazon* — especially on *Shabbos* and *Yom Tov.*

שִׁיר הַמַּעֲלוֹת, בְּשׁוּב יהוה
אֶת שִׁיבַת
צִיוֹן, הָיִינוּ כְּחֹלְמִים. אָז יִמָּלֵא
שְׂחוֹק פִּינוּ וּלְשׁוֹנֵנוּ רִנָּה, אָז
יֹאמְרוּ בַגּוֹיִם, הִגְדִּיל יהוה
לַעֲשׂוֹת עִם אֵלֶּה. הִגְדִּיל יהוה
לַעֲשׂוֹת עִמָּנוּ, הָיִינוּ שְׂמֵחִים.
שׁוּבָה יהוה אֶת שְׁבִיתֵנוּ,
כַּאֲפִיקִים בַּנֶּגֶב. הַזֹּרְעִים בְּדִמְעָה
בְּרִנָּה יִקְצֹרוּ. הָלוֹךְ יֵלֵךְ וּבָכֹה
נֹשֵׂא מֶשֶׁךְ הַזָּרַע, בֹּא יָבֹא בְרִנָּה,
נֹשֵׂא אֲלֻמֹּתָיו.

This is a song that the Levites used to sing as they walked up the steps of the *Bais Hamikdash* [Holy Temple]: When HASHEM sends Mashiach to bring us back to *Eretz Yisrael,* it will seem like a dream. Our mouths will be filled with happy laughter and our tongues will sing glad song. The gentile nations will exclaim, "What great things HASHEM has done for these Jews!" Yes — HASHEM will do great things for us, and we will rejoice. HASHEM — please bring back all the Jewish captives, and make us flourish like a desert that becomes full of flowing brooks. Let Your servants be like farmers who cry when they plant, but will sing for joy when they harvest their crops. Your servants will be like people who cry because they have only a few seeds to plant, but who will come back home joyously, carrying bundles of grain.

INVITATION — זימון

If three men eat together, they say this *zimun* just before *Bircas Hamazon*. [If ten or more men join in the *zimun,* the words in brackets are added.] After Zimun they say *Bircas Hamazon* together. When the leader completes each of the four blessings, the others should answer אָמֵן, *Amen.*

The leader begins:

Gentlemen, let us bless together. — רַבּוֹתַי נְבָרֵךְ

The others answer:

Blessed is the Name of HASHEM, now and forever. — .יְהִי שֵׁם יהוה מְבֹרָךְ מֵעַתָּה וְעַד עוֹלָם

The leader continues:

יְהִי שֵׁם יהוה מְבֹרָךְ מֵעַתָּה וְעַד עוֹלָם.

בִּרְשׁוּת מָרָנָן וְרַבָּנָן וְרַבּוֹתַי, נְבָרֵךְ [אֱלֹהֵינוּ] שֶׁאָכַלְנוּ מִשֶּׁלּוֹ.

Blessed is the Name of HASHEM, now and forever. With the permission of everyone here, let us bless Him [our God], Whose food we have eaten.

The others answer:

בָּרוּךְ [אֱלֹהֵינוּ] שֶׁאָכַלְנוּ מִשֶּׁלּוֹ וּבְטוּבוֹ חָיִינוּ.

We bless Him [our God] for we have eaten His food and we live through His goodness.

The leader repeats:

בָּרוּךְ [אֱלֹהֵינוּ] שֶׁאָכַלְנוּ מִשֶּׁלּוֹ וּבְטוּבוֹ חָיִינוּ.

We bless Him [our God] for we have eaten His food and we live through His goodness.

[He is blessed and His Name is blessed. — .בָּרוּךְ הוּא וּבָרוּךְ שְׁמוֹ]

FIRST BLESSING – בִּרְכַּת הַזָּן

We thank God for giving food to all living beings. We hope that He will always take care of us.

We bless You, HASHEM our God, King of the whole world, Who feeds the entire world in His goodness — with love, kindness, and mercy. He gives food to all people, because His kindness lasts forever. Because of His great goodness, we have never lacked food; may He never let us lack food. Why do we ask for this? — so that we can praise His Great Name, because He is the merciful God, Who feeds and supports everyone, and does good to everyone, and Who prepares food for all His creatures that He has created. We bless You, HASHEM, Who feeds everyone.

בָּרוּךְ אַתָּה יהוה אֱלֹהֵינוּ מֶלֶךְ הָעוֹלָם, הַזָּן אֶת הָעוֹלָם כֻּלּוֹ, בְּטוּבוֹ, בְּחֵן בְּחֶסֶד וּבְרַחֲמִים, הוּא נֹתֵן לֶחֶם לְכָל בָּשָׂר, כִּי לְעוֹלָם חַסְדּוֹ. וּבְטוּבוֹ הַגָּדוֹל, תָּמִיד לֹא חָסַר לָנוּ, וְאַל יֶחְסַר לָנוּ מָזוֹן לְעוֹלָם וָעֶד. בַּעֲבוּר שְׁמוֹ הַגָּדוֹל, כִּי הוּא אֵל זָן וּמְפַרְנֵס לַכֹּל, וּמֵטִיב לַכֹּל, וּמֵכִין מָזוֹן לְכָל בְּרִיּוֹתָיו אֲשֶׁר בָּרָא. בָּרוּךְ אַתָּה יהוה, הַזָּן אֶת הַכֹּל.

SECOND BLESSING – בִּרְכַּת הָאָרֶץ

In this blessing we thank God for *Eretz Yisrael,* for making us free,
for giving us the Torah and *mitzvos,* and for doing so many miracles.

We thank You for many things, Hᴀsʜᴇᴍ our God: for giving Eretz Yisrael to our ancestors as our own land — a fine, good, broad land; for taking us out of Egypt and saving us from slavery; for the *mitzvah* of *bris milah;* for the Torah that You taught us; for the *mitzvos* that You made known to us; for the life, love, and kindness that You graciously gave us; for the food with which You always feed and support us every day, every season, and every hour.

נוֹדֶה לְךָ יהוה אֱלֹהֵינוּ, עַל שֶׁהִנְחַלְתָּ לַאֲבוֹתֵינוּ אֶרֶץ חֶמְדָּה טוֹבָה וּרְחָבָה. וְעַל שֶׁהוֹצֵאתָנוּ יהוה אֱלֹהֵינוּ מֵאֶרֶץ מִצְרַיִם, וּפְדִיתָנוּ מִבֵּית עֲבָדִים, וְעַל בְּרִיתְךָ שֶׁחָתַמְתָּ בִּבְשָׂרֵנוּ, וְעַל תּוֹרָתְךָ שֶׁלִּמַּדְתָּנוּ, וְעַל חֻקֶּיךָ שֶׁהוֹדַעְתָּנוּ, וְעַל חַיִּים חֵן וָחֶסֶד שֶׁחוֹנַנְתָּנוּ, וְעַל אֲכִילַת מָזוֹן שָׁאַתָּה זָן וּמְפַרְנֵס אוֹתָנוּ תָּמִיד, בְּכָל יוֹם וּבְכָל עֵת וּבְכָל שָׁעָה.

On Chanukah turn to page 10; on Purim turn to page 11.
On other days turn to page 12.

CHANUKAH – חֲנוּכָּה

On Chanukah we thank Hashem for the miracle of Chanukah.

For the miracles, for the rescue, for the strong acts, for the victories, and for the battles that You did for our forefathers in those days, at this time of the year.

It happened in the days of Mattisyahu — the son of Yochanan Kohein Gadol, from the family of the Chashmonaim — and his sons. The wicked Greek kingdom arose against Your Jewish people and tried to make them forget Your Torah and break Your laws. But with Your great mercy, You stood up for the Jews in their time of trouble. You fought their battle; You judged their case; You took revenge for them. You placed the stronger Syrian-Greeks in the hands of the weaker Jews; the many into the hands of the few; the impure into the hands of the pure; the wicked into the hands of the *tzaddikim*; the sinners into the hands of those who study Your Torah.

You made for Yourself a great and holy Name in Your world. For Your Jewish people You made a great victory and rescue, as clear as this very day. Then Your children entered Your *Beis Hamikdash*, cleaned out Your Temple, purified Your holy place and kindled lights in its courtyards. Then they said that these eight days of Chanukah should always be days of thanksgiving and praise of Your great Name.

וְעַל הַנִּסִּים וְעַל הַפֻּרְקָן וְעַל הַגְּבוּרוֹת וְעַל הַתְּשׁוּעוֹת וְעַל הַמִּלְחָמוֹת שֶׁעָשִׂיתָ לַאֲבוֹתֵינוּ בַּיָּמִים הָהֵם בַּזְּמַן הַזֶּה.

בִּימֵי מַתִּתְיָהוּ בֶּן יוֹחָנָן כֹּהֵן גָּדוֹל חַשְׁמוֹנַאי וּבָנָיו, כְּשֶׁעָמְדָה מַלְכוּת יָוָן הָרְשָׁעָה עַל עַמְּךָ יִשְׂרָאֵל, לְהַשְׁכִּיחָם תּוֹרָתֶךָ, וּלְהַעֲבִירָם מֵחֻקֵּי רְצוֹנֶךָ. וְאַתָּה בְּרַחֲמֶיךָ הָרַבִּים, עָמַדְתָּ לָהֶם בְּעֵת צָרָתָם, רַבְתָּ אֶת רִיבָם, דַּנְתָּ אֶת דִּינָם, נָקַמְתָּ אֶת נִקְמָתָם. מָסַרְתָּ גִבּוֹרִים בְּיַד חַלָּשִׁים, וְרַבִּים בְּיַד מְעַטִּים, וּטְמֵאִים בְּיַד טְהוֹרִים, וּרְשָׁעִים בְּיַד צַדִּיקִים, וְזֵדִים בְּיַד עוֹסְקֵי תוֹרָתֶךָ. וּלְךָ עָשִׂיתָ שֵׁם גָּדוֹל וְקָדוֹשׁ בְּעוֹלָמֶךָ, וּלְעַמְּךָ יִשְׂרָאֵל עָשִׂיתָ תְּשׁוּעָה גְדוֹלָה וּפֻרְקָן כְּהַיּוֹם הַזֶּה. וְאַחַר כֵּן בָּאוּ בָנֶיךָ לִדְבִיר בֵּיתֶךָ, וּפִנּוּ אֶת הֵיכָלֶךָ, וְטִהֲרוּ אֶת מִקְדָּשֶׁךָ, וְהִדְלִיקוּ נֵרוֹת בְּחַצְרוֹת קָדְשֶׁךָ, וְקָבְעוּ שְׁמוֹנַת יְמֵי חֲנֻכָּה אֵלּוּ, לְהוֹדוֹת וּלְהַלֵּל לְשִׁמְךָ הַגָּדוֹל.

Turn to page 12.

PURIM — פּוּרִים

On Purim we thank Hashem for the miracle of Purim.

וְעַל הַנִּסִּים וְעַל הַפֻּרְקָן וְעַל הַגְּבוּרוֹת וְעַל הַתְּשׁוּעוֹת וְעַל הַמִּלְחָמוֹת שֶׁעָשִׂיתָ לַאֲבוֹתֵינוּ בַּיָּמִים הָהֵם בַּזְּמַן הַזֶּה.

For the miracles, for the rescue, for the strong acts, for the victories, and for the battles that You did for our forefathers in those days, at this time of the year.

בִּימֵי מָרְדְּכַי וְאֶסְתֵּר בְּשׁוּשַׁן הַבִּירָה, כְּשֶׁעָמַד עֲלֵיהֶם הָמָן הָרָשָׁע, בִּקֵּשׁ לְהַשְׁמִיד לַהֲרֹג וּלְאַבֵּד אֶת כָּל הַיְּהוּדִים, מִנַּעַר וְעַד זָקֵן, טַף וְנָשִׁים בְּיוֹם אֶחָד, בִּשְׁלוֹשָׁה עָשָׂר לְחֹדֶשׁ שְׁנֵים עָשָׂר, הוּא חֹדֶשׁ אֲדָר, וּשְׁלָלָם לָבוֹז. וְאַתָּה בְּרַחֲמֶיךָ הָרַבִּים הֵפַרְתָּ אֶת עֲצָתוֹ, וְקִלְקַלְתָּ אֶת מַחֲשַׁבְתּוֹ, וַהֲשֵׁבוֹתָ לּוֹ גְּמוּלוֹ בְּרֹאשׁוֹ, וְתָלוּ אוֹתוֹ וְאֶת בָּנָיו עַל הָעֵץ.

It happened in the days of Mordechai and Esther in Shushan the capital city of Persia. The wicked Haman arose and tried to destroy, kill and wipe out all the Jews — young men and old, infants and women — in one day, the thirteenth day of Adar, the twelfth month, and to take their property. But with Your great mercy, You foiled his plot and ruined his plan. You caused his evil to come back upon his own head as he and his sons were hung on the gallows.

Turn to page 12.

וְעַל הַכֹּל יהוה אֱלֹהֵינוּ אֲנַחְנוּ מוֹדִים
לָךְ, וּמְבָרְכִים אוֹתָךְ, יִתְבָּרַךְ
שִׁמְךָ בְּפִי כָּל חַי תָּמִיד לְעוֹלָם
וָעֶד. כַּכָּתוּב, וְאָכַלְתָּ וְשָׂבָעְתָּ,
וּבֵרַכְתָּ אֶת יהוה אֱלֹהֶיךָ, עַל
הָאָרֶץ הַטֹּבָה אֲשֶׁר נָתַן לָךְ.
בָּרוּךְ אַתָּה יהוה, עַל הָאָרֶץ
וְעַל הַמָּזוֹן.

For all this we thank You and bless You, HASHEM our God. May Your Name always be blessed by everyone forever, as it is written in the Torah: "You will eat and be satisfied, and then you will bless HASHEM your God for the good land that He gave you." We bless You, HASHEM, for the Land and for the food.

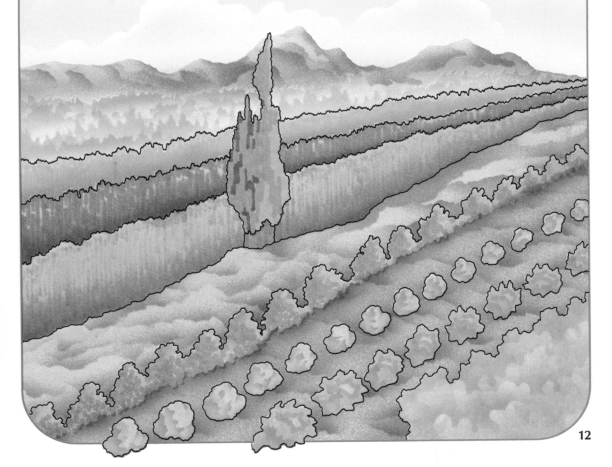

THIRD BLESSING – בִּנְיַן יְרוּשָׁלַיִם

In this blessing we ask Hashem to rebuild Jerusalem and the *Beis Hamikdash*.

Have mercy, HASHEM our God, on Israel, Your people; on Jerusalem, Your city; on the Temple Mount, the place of Your Glory; on the kingdom of the family of David, Your anointed king; and on the great and holy *Bais Hamikdash,* which is called by Your Name. O God, our Father — take care of us, feed us, support us, supply our needs, and make our lives easier. HASHEM our God, give us speedy relief from all our troubles. Please, HASHEM our God, don't make us need the gifts or loans of other people; let us get all our needs only from Your hand, which is full, open, holy, and generous. Then we will never feel ashamed or be embarrassed.

רַחֵם נָא יהוה אֱלֹהֵינוּ עַל יִשְׂרָאֵל עַמֶּךָ, וְעַל יְרוּשָׁלַיִם עִירֶךָ, וְעַל צִיּוֹן מִשְׁכַּן כְּבוֹדֶךָ, וְעַל מַלְכוּת בֵּית דָּוִד מְשִׁיחֶךָ, וְעַל הַבַּיִת הַגָּדוֹל וְהַקָּדוֹשׁ שֶׁנִּקְרָא שִׁמְךָ עָלָיו. אֱלֹהֵינוּ אָבִינוּ רְעֵנוּ זוּנֵנוּ פַּרְנְסֵנוּ וְכַלְכְּלֵנוּ וְהַרְוִיחֵנוּ, וְהַרְוַח לָנוּ יהוה אֱלֹהֵינוּ מְהֵרָה מִכָּל צָרוֹתֵינוּ. וְנָא אַל תַּצְרִיכֵנוּ יהוה אֱלֹהֵינוּ, לֹא לִידֵי מַתְּנַת בָּשָׂר וָדָם, וְלֹא לִידֵי הַלְוָאָתָם, כִּי אִם לְיָדְךָ הַמְּלֵאָה הַפְּתוּחָה הַקְּדוֹשָׁה וְהָרְחָבָה, שֶׁלֹּא נֵבוֹשׁ וְלֹא נִכָּלֵם לְעוֹלָם וָעֶד.

On weekdays turn to page 16; on *Shabbos* turn to page 14;
on *Yom Tov, Chol Hamoed* and *Rosh Chodesh* turn to page 15.

SHABBOS – רְצֵה

On *Shabbos* we ask Hashem to let us rest and be happy on this holy day,
and that the *Beis Hamikdash* be built once again.

May it please You, HASHEM our God, to make us healthy through Your *mitzvos* and through the *mitzvah* of this great and holy Shabbos. Because to You, this is a great and holy day, to rest on it and be calm on it lovingly, as You have commanded us. Please, HASHEM our God, let us be calm, so that there will not be trouble, sadness, or moaning on this day of our rest. HASHEM our God, let us see Zion, Your city, being comforted, and Jerusalem, city of Your holiness, being rebuilt — because only You have the power to help and to comfort.

רְצֵה וְהַחֲלִיצֵנוּ יהוה אֱלֹהֵינוּ בְּמִצְוֹתֶךָ, וּבְמִצְוַת יוֹם הַשְּׁבִיעִי הַשַּׁבָּת הַגָּדוֹל וְהַקָּדוֹשׁ הַזֶּה, כִּי יוֹם זֶה גָּדוֹל וְקָדוֹשׁ הוּא לְפָנֶיךָ, לִשְׁבָּת בּוֹ וְלָנוּחַ בּוֹ בְּאַהֲבָה כְּמִצְוַת רְצוֹנֶךָ, וּבִרְצוֹנְךָ הָנִיחַ לָנוּ יהוה אֱלֹהֵינוּ, שֶׁלֹּא תְהֵא צָרָה וְיָגוֹן וַאֲנָחָה בְּיוֹם מְנוּחָתֵנוּ, וְהַרְאֵנוּ יהוה אֱלֹהֵינוּ בְּנֶחָמַת צִיּוֹן עִירֶךָ, וּבְבִנְיַן יְרוּשָׁלַיִם עִיר קָדְשֶׁךָ, כִּי אַתָּה הוּא בַּעַל הַיְשׁוּעוֹת וּבַעַל הַנֶּחָמוֹת.

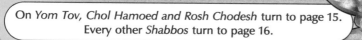

On *Yom Tov, Chol Hamoed* and *Rosh Chodesh* turn to page 15.
Every other *Shabbos* turn to page 16.

14

YOM TOV AND ROSH CHODESH – יַעֲלֶה וְיָבֹא

On *Rosh Chodesh, Yom Tov* and *Chol Hamoed,* we ask Hashem to think of us and to do good for us.

Our God and the God of our forefathers, we beg that the following thoughts rise, come to You, reach You, be seen, be pleasing, be heard, be considered, and be remembered. The thoughts are: memories of ourselves; memories of our ancestors; of *Mashiach,* the descendant of Your servant David; of Jerusalem, Your Holy City; and of Your entire nation, the Family of Israel. May You think of all these things to save us all and to be good, gracious, kind and merciful to us, to give us life and peace on this day of

On Rosh Chodesh:
Rosh Chodesh.

On Pesach:
the *Yom Tov* of Matzos.

On Shavuos:
the *Yom Tov* of Shavuos.

On Rosh Hashanah:
Remembrance.

On Succos:
the *Yom Tov* of Succos.

On Shemini Atzeres and Simchas Torah:
the *Yom Tov* of Shemini Atzeres.

Remember us today, HASHEM our God, for good; think about us for blessing; and help us to have a good life. And regarding help and mercy – please have pity, be gracious, be merciful, and save us, because we look to You for help, since You are the generous and merciful God (the King).

אֱלֹהֵינוּ וֵאלֹהֵי אֲבוֹתֵינוּ, יַעֲלֶה, וְיָבֹא, וְיַגִּיעַ, וְיֵרָאֶה, וְיֵרָצֶה, וְיִשָּׁמַע, וְיִפָּקֵד, וְיִזָּכֵר זִכְרוֹנֵנוּ וּפִקְדוֹנֵנוּ, וְזִכְרוֹן אֲבוֹתֵינוּ, וְזִכְרוֹן מָשִׁיחַ בֶּן דָּוִד עַבְדֶּךָ, וְזִכְרוֹן יְרוּשָׁלַיִם עִיר קָדְשֶׁךָ, וְזִכְרוֹן כָּל עַמְּךָ בֵּית יִשְׂרָאֵל לְפָנֶיךָ, לִפְלֵיטָה לְטוֹבָה לְחֵן וּלְחֶסֶד וּלְרַחֲמִים, לְחַיִּים (טוֹבִים) וּלְשָׁלוֹם בְּיוֹם

On Rosh Chodesh:
רֹאשׁ הַחֹדֶשׁ הַזֶּה.

On Pesach:
חַג הַמַּצּוֹת הַזֶּה.

On Shavuos:
חַג הַשָּׁבֻעוֹת הַזֶּה.

On Rosh Hashanah:
הַזִּכָּרוֹן הַזֶּה.

On Succos:
חַג הַסֻּכּוֹת הַזֶּה.

On Shemini Atzeres and Simchas Torah:
שְׁמִינִי עֲצֶרֶת הַחַג הַזֶּה.

זָכְרֵנוּ יהוה אֱלֹהֵינוּ בּוֹ לְטוֹבָה, וּפָקְדֵנוּ בוֹ לִבְרָכָה, וְהוֹשִׁיעֵנוּ בוֹ לְחַיִּים טוֹבִים. וּבִדְבַר יְשׁוּעָה וְרַחֲמִים, חוּס וְחָנֵּנוּ וְרַחֵם עָלֵינוּ וְהוֹשִׁיעֵנוּ, כִּי אֵלֶיךָ עֵינֵינוּ, כִּי אֵל (מֶלֶךְ) חַנּוּן וְרַחוּם אָתָּה.

Turn to page 16.

The third blessing (בְּנְיַן יְרוּשָׁלַיִם) continues:

May You rebuild Jerusalem, the Holy City, soon in our lifetime. We bless You, HASHEM, Who rebuilds Jerusalem in His mercy. Amen.

וּבְנֵה יְרוּשָׁלַיִם עִיר הַקֹּדֶשׁ בִּמְהֵרָה בְיָמֵינוּ. בָּרוּךְ אַתָּה יהוה, בּוֹנֵה בְרַחֲמָיו יְרוּשָׁלָיִם. אָמֵן.

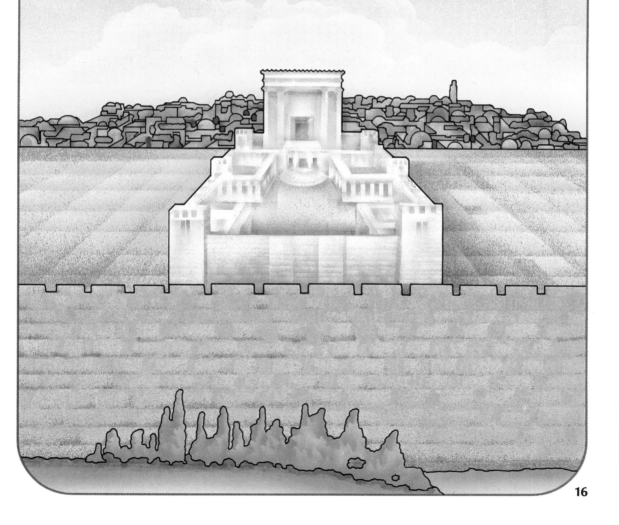

FOURTH BLESSING – הַטּוֹב וְהַמֵּטִיב

In this blessing, we thank Hashem because He was good to us until now and because He will keep on being good to us.

We bless You, HASHEM our God, King of the whole world, the Almighty, our Father, our King, our Master, our Creator, our Redeemer, our Maker; our Holy One, the Holy One of Jacob; our Shepherd, the Shepherd of Israel; He is the King Who is good and Who does good to everyone. Every single day, He did good, He does good, and He will do good for us. He gave us very much, He gives us very much and He will give us very much forever — with love, kindness, and mercy; giving us relief through rescue, success, blessing, help, comfort, livelihood, support, mercy, life, peace, and all good things. May He never keep us from having all good things.

בָּרוּךְ אַתָּה יהוה אֱלֹהֵינוּ מֶלֶךְ הָעוֹלָם, הָאֵל אָבִינוּ מַלְכֵּנוּ אַדִּירֵנוּ בּוֹרְאֵנוּ גּוֹאֲלֵנוּ יוֹצְרֵנוּ קְדוֹשֵׁנוּ קְדוֹשׁ יַעֲקֹב, רוֹעֵנוּ רוֹעֵה יִשְׂרָאֵל, הַמֶּלֶךְ הַטּוֹב וְהַמֵּטִיב לַכֹּל, שֶׁבְּכָל יוֹם וָיוֹם הוּא הֵטִיב, הוּא מֵטִיב, הוּא יֵיטִיב לָנוּ. הוּא גְמָלָנוּ הוּא גוֹמְלֵנוּ הוּא יִגְמְלֵנוּ לָעַד, לְחֵן וּלְחֶסֶד וּלְרַחֲמִים וּלְרֶוַח הַצָּלָה וְהַצְלָחָה, בְּרָכָה וִישׁוּעָה נֶחָמָה פַּרְנָסָה וְכַלְכָּלָה וְרַחֲמִים וְחַיִּים וְשָׁלוֹם וְכָל טוֹב, וּמִכָּל טוּב לְעוֹלָם אַל יְחַסְּרֵנוּ.

The fourth blessing ends here.

17

May the Merciful God always be our King.

הָרַחֲמָן הוּא יִמְלוֹךְ עָלֵינוּ לְעוֹלָם וָעֶד.

May the Merciful God be blessed in heaven and on earth.

הָרַחֲמָן הוּא יִתְבָּרַךְ בַּשָּׁמַיִם וּבָאָרֶץ.

May the Merciful God be praised in every generation; and may He always be proud of us and forever be honored by the way we act.

הָרַחֲמָן הוּא יִשְׁתַּבַּח לְדוֹר דּוֹרִים, וְיִתְפָּאַר בָּנוּ לָעַד וּלְנֵצַח נְצָחִים, וְיִתְהַדַּר בָּנוּ לָעַד וּלְעוֹלְמֵי עוֹלָמִים.

May the Merciful God support us with honor.

הָרַחֲמָן הוּא יְפַרְנְסֵנוּ בְּכָבוֹד.

May the Merciful God break the yoke of suffering that is on our neck and may He lead us proudly to our land.

הָרַחֲמָן הוּא יִשְׁבּוֹר עֻלֵּנוּ מֵעַל צַוָּארֵנוּ, וְהוּא יוֹלִיכֵנוּ קוֹמְמִיּוּת לְאַרְצֵנוּ.

May the Merciful God send us much blessing in this house and on this table where we have eaten.

הָרַחֲמָן הוּא יִשְׁלַח לָנוּ בְּרָכָה מְרֻבָּה בַּבַּיִת הַזֶּה, וְעַל שֻׁלְחָן זֶה שֶׁאָכַלְנוּ עָלָיו.

May the Merciful God send us Elijah the Prophet, who is remembered for doing good, to bring us good news, to save us and comfort us.

הָרַחֲמָן הוּא יִשְׁלַח לָנוּ אֶת אֵלִיָּהוּ הַנָּבִיא זָכוּר לַטּוֹב, וִיבַשֶּׂר לָנוּ בְּשׂוֹרוֹת טוֹבוֹת יְשׁוּעוֹת וְנֶחָמוֹת.

The Talmud gives the following text for a guest to recite for his host:

May it be God's will that this host not be shamed nor embarrassed either in This World or in the World to Come. May he succeed in all his dealings. May his dealings be successful and convenient. May no evil rule over his work, and may no sin or evil thought attach itself to him, from now and forever.

יְהִי רָצוֹן שֶׁלֹּא יֵבוֹשׁ וְלֹא יִכָּלֵם בַּעַל הַבַּיִת הַזֶּה, לֹא בָעוֹלָם הַזֶּה וְלֹא בָעוֹלָם הַבָּא, וְיַצְלִיחַ בְּכָל נְכָסָיו, וְיִהְיוּ נְכָסָיו מוּצְלָחִים וּקְרוֹבִים לָעִיר, וְאַל יִשְׁלוֹט שָׂטָן בְּמַעֲשֵׂה יָדָיו, וְאַל יִזְדַּקֵּק לְפָנָיו שׁוּם דְּבַר חֵטְא וְהִרְהוּר עָוֹן, מֵעַתָּה וְעַד עוֹלָם.

Someone eating at his own table recites the following and includes the words in parentheses that apply.

May the Merciful God bless me (and my wife/husband and my children) and all that is mine,

הָרַחֲמָן הוּא יְבָרֵךְ אוֹתִי (וְאֶת אִשְׁתִּי/בַּעְלִי, וְאֶת זַרְעִי) וְאֶת כָּל אֲשֶׁר לִי,

Someone eating at another's table recites the following. Children at their parents' table add the words in parentheses.

May the Merciful God bless (my father and teacher) the head of this house, and (my mother and teacher) lady of this house — may He bless them, their home, their children and everything they have,

הָרַחֲמָן הוּא יְבָרֵךְ אֶת (אָבִי מוֹרִי) בַּעַל הַבַּיִת הַזֶּה, וְאֶת (אִמִּי מוֹרָתִי) בַּעֲלַת הַבַּיִת הַזֶּה, אוֹתָם וְאֶת בֵּיתָם וְאֶת זַרְעָם וְאֶת כָּל אֲשֶׁר לָהֶם,

All continue here:

us and everything that we have — just as our forefathers Abraham, Isaac, and Jacob were blessed in everything, from everything, and with everything. In the same way may He give all of us together a perfect blessing. Let us say: Amen!

אוֹתָנוּ וְאֶת כָּל אֲשֶׁר לָנוּ, כְּמוֹ שֶׁנִּתְבָּרְכוּ אֲבוֹתֵינוּ אַבְרָהָם יִצְחָק וְיַעֲקֹב בַּכֹּל מִכֹּל כֹּל, כֵּן יְבָרֵךְ אוֹתָנוּ כֻּלָּנוּ יַחַד בִּבְרָכָה שְׁלֵמָה, וְנֹאמַר, אָמֵן.

In Heaven above, may both they and we be found deserving of peace. May we get a blessing from Hashem and charity from God Who saves us, and may our acts be considered loving and wise by God and by people.

בַּמָּרוֹם יְלַמְּדוּ עֲלֵיהֶם וְעָלֵינוּ זְכוּת, שֶׁתְּהֵא לְמִשְׁמֶרֶת שָׁלוֹם. וְנִשָּׂא בְרָכָה מֵאֵת יהוה, וּצְדָקָה מֵאֱלֹהֵי יִשְׁעֵנוּ, וְנִמְצָא חֵן וְשֵׂכֶל טוֹב בְּעֵינֵי אֱלֹהִים וְאָדָם.

On the Sabbath:

May the Merciful God let us inherit the Shabbos of the World to Come, which will be a complete rest day forever.

הָרַחֲמָן הוּא יַנְחִילֵנוּ יוֹם שֶׁכֻּלוֹ שַׁבָּת וּמְנוּחָה לְחַיֵּי הָעוֹלָמִים.

On *Rosh Chodesh:*

May the Merciful God bring us this new month for goodness and blessing.

הָרַחֲמָן הוּא יְחַדֵּשׁ עָלֵינוּ אֶת הַחֹדֶשׁ הַזֶּה לְטוֹבָה וְלִבְרָכָה.

On *Yom Tov:*

May the Merciful God let us inherit the day that is completely good.

הָרַחֲמָן הוּא יַנְחִילֵנוּ יוֹם שֶׁכֻּלוֹ טוֹב.

On Rosh Hashanah (some people say this until Yom Kippur):

May the Merciful God bring us this new year for goodness and blessing.

הָרַחֲמָן הוּא יְחַדֵּשׁ עָלֵינוּ אֶת הַשָּׁנָה הַזֹּאת לְטוֹבָה וְלִבְרָכָה.

On Succos:

May the Merciful God rebuild for us King David's fallen succah.

הָרַחֲמָן הוּא יָקִים לָנוּ אֶת סֻכַּת דָּוִיד הַנֹּפָלֶת.

If you forget עַל הַנִּסִּים, *For the miracles,* on Chanukah or Purim recite:

May the Merciful God do miracles and wonders for us, just as He did for our forefathers in those days, at this time of the year. Now recite בִּימֵי on page 10 or 11.

הָרַחֲמָן הוּא יַעֲשֶׂה לָנוּ נִסִּים וְנִפְלָאוֹת כַּאֲשֶׁר עָשָׂה לַאֲבוֹתֵינוּ בַּיָּמִים הָהֵם בַּזְּמַן הַזֶּה.

הָרַחֲמָן הוּא יְזַכֵּנוּ לִימוֹת הַמָּשִׁיחַ וּלְחַיֵּי הָעוֹלָם הַבָּא.

May the Merciful God give us the honor of living until the days of *Mashiach* and the life of the World to Come.

On weekdays:

מַגְדִּל יְשׁוּעוֹת מַלְכּוֹ

On *Shabbos, Yom Tov* and *Rosh Chodesh:*

מִגְדּוֹל יְשׁוּעוֹת מַלְכּוֹ

On weekdays:

God gives great help to His king

On *Shabbos, Yom Tov* and *Rosh Chodesh:*

God is a tower of help to His king

וְעֹשֶׂה חֶסֶד לִמְשִׁיחוֹ לְדָוִד וּלְזַרְעוֹ עַד עוֹלָם. עֹשֶׂה שָׁלוֹם בִּמְרוֹמָיו, הוּא יַעֲשֶׂה שָׁלוֹם עָלֵינוּ וְעַל כָּל יִשְׂרָאֵל. וְאִמְרוּ, אָמֵן.

and shows kindness to His anointed one, to David and his children, forever. Just as God makes peace in His heaven, may He also bring peace upon us and upon all Jews. Now answer: Amen.

יְראוּ אֶת יהוה קְדֹשָׁיו, כִּי אֵין מַחְסוֹר לִירֵאָיו. כְּפִירִים רָשׁוּ וְרָעֵבוּ, וְדֹרְשֵׁי יהוה לֹא יַחְסְרוּ כָל טוֹב. הוֹדוּ לַיהוה כִּי טוֹב, כִּי לְעוֹלָם חַסְדּוֹ. פּוֹתֵחַ אֶת יָדֶךָ, וּמַשְׂבִּיעַ לְכָל חַי רָצוֹן. בָּרוּךְ הַגֶּבֶר אֲשֶׁר יִבְטַח בַּיהוה, וְהָיָה יהוה מִבְטַחוֹ. נַעַר הָיִיתִי גַּם זָקַנְתִּי, וְלֹא רָאִיתִי צַדִּיק נֶעֱזָב, וְזַרְעוֹ מְבַקֶּשׁ לָחֶם. יהוה עֹז לְעַמּוֹ יִתֵּן, יהוה יְבָרֵךְ אֶת עַמּוֹ בַשָּׁלוֹם.

You holy people of HASHEM — you should fear HASHEM, because those who fear Him do not lack anything. Even strong young lions may go hungry, but those who try to be close to HASHEM will not be missing anything that is good. Give thanks to HASHEM for He is good, because His kindness lasts forever. O God — You open Your hand and give every living thing what it desires. Blessed is the person who trusts HASHEM — then HASHEM will protect him. I was young and I became old, but I never saw a righteous person who was all alone and whose children had to beg for bread. HASHEM will give strength to His nation, HASHEM will bless His nation with peace.

Bircas Hamazon ends here.

FOODS MADE FROM FLOUR – מְזוֹנוֹת

This is the *berachah* for foods made from flour, such as cake, spaghetti, and cereal (but not for food made from corn). This is the *berachah* for rice, too.

בָּרוּךְ אַתָּה יהוה אֱלֹהֵינוּ מֶלֶךְ הָעוֹלָם, בּוֹרֵא מִינֵי מְזוֹנוֹת.

We bless You, HASHEM our God, King of the whole world, Who creates many kinds of nourishing foods.

For the *berachah* after these foods (except rice) turn to page 28.
For the *berachah* after rice turn to page 30.

GRAPE JUICE AND WINE — יַיִן

Grape juice and wine are very special. We use them for *Kiddush* and many other *mitzvos*. They have a special *berachah,* too.

בָּרוּךְ אַתָּה יהוה אֱלֹהֵינוּ מֶלֶךְ הָעוֹלָם, בּוֹרֵא פְּרִי הַגָּפֶן.

We bless You, HASHEM our God, King of the whole world, Who creates the fruit of the grapevine.

For the *berachah* after drinking grape juice or wine turn to page 28.

FRUIT OF A TREE — פְּרִי הָעֵץ

This is the *berachah* for fruits that grow on trees. Don't all fruits grow on trees? No! Bananas and pineapples are fruits, but they don't grow on *real* trees, so this is *not* their *berachah*.

The first time you eat a fruit from the new crop, also recite the *Shehecheyanu* blessing (page 27).

בָּרוּךְ אַתָּה יהוה אֱלֹהֵינוּ מֶלֶךְ הָעוֹלָם,
בּוֹרֵא פְּרִי הָעֵץ.

We bless You, HASHEM our God, King of the whole world, Who creates the fruit of the tree.

For the *berachah* after figs, grapes, raisins, pomegranates, olives or dates turn to page 28.
For the *berachah* after other fruits turn to page 30.

VEGETABLES – פְּרִי הָאֲדָמָה

If something grows from the ground, and not from a real tree, this is its *berachah*. But if a fruit or vegetable is so chopped or mashed that you can't tell what it is, the *berachah* is *shehakol* (page 26). The first time you eat a fruit from the new crop, also recite the *Shehecheyanu* blessing (page 27).

בָּרוּךְ אַתָּה יהוה אֱלֹהֵינוּ מֶלֶךְ הָעוֹלָם, בּוֹרֵא פְּרִי הָאֲדָמָה.

We bless You, HASHEM our God, King of the whole world, Who creates the vegetables of the ground.

For the *berachah* after these foods turn to page 30.

OTHER FOODS – יֶתֶר מַאֲכָלִים

If the *berachah* for your food was not on any of the pages before this, this is the *berachah*.

בָּרוּךְ אַתָּה יהוה אֱלֹהֵינוּ מֶלֶךְ הָעוֹלָם, שֶׁהַכֹּל נִהְיָה בִּדְבָרוֹ.

We bless You, HASHEM our God, King of the whole world, through Whose word everything happened.

For the *berachah* after eating these foods turn to page 30.

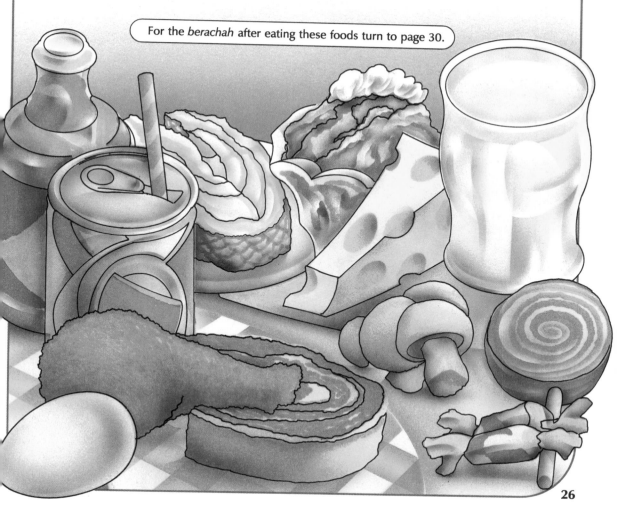

FRUITS AND VEGETABLES FROM THE NEW CROP – שֶׁהֶחֱיָנוּ

If you are eating a fruit or vegetable for the first time this season, you first say the proper blessing (page 24 or 25) and then make this *berachah*. With this *berachah* we thank Hashem for keeping us alive and healthy to enjoy these new foods.

בָּרוּךְ אַתָּה יהוה אֱלֹהֵינוּ מֶלֶךְ הָעוֹלָם, שֶׁהֶחֱיָנוּ, וְקִיְּמָנוּ, וְהִגִּיעָנוּ לַזְּמַן הַזֶּה.

We bless You, HASHEM our God, King of the whole world, for keeping us alive, taking care of us, and bringing us to this season.

THE THREE-PART BLESSING – בִּרְכַּת מֵעֵין שָׁלֹשׁ

This blessing is recited after eating (a) food (other than bread or matzah) made from the flour of wheat, barley, rye, oats or spelt; (b) grape juice or wine; (c) grapes, raisins, figs, pomegranates, olives, or dates.

בָּרוּךְ אַתָּה יהוה אֱלֹהֵינוּ מֶלֶךְ הָעוֹלָם,

We bless You, HASHEM our God, King of the whole world, for the

---

After food made from flour:

עַל הַמִּחְיָה וְעַל הַכַּלְכָּלָה,

nourishing food and the support,

After grape juice or wine:

עַל הַגֶּפֶן וְעַל פְּרִי הַגֶּפֶן,

grapevine and the fruit of the grapevine,

After fruits:

עַל הָעֵץ וְעַל פְּרִי הָעֵץ,

tree and the fruit of the tree,

וְעַל תְּנוּבַת הַשָּׂדֶה, וְעַל אֶרֶץ חֶמְדָּה טוֹבָה וּרְחָבָה, שֶׁרָצִיתָ וְהִנְחַלְתָּ לַאֲבוֹתֵינוּ, לֶאֱכוֹל מִפִּרְיָהּ וְלִשְׂבּוֹעַ מִטּוּבָהּ. רַחֵם יהוה אֱלֹהֵינוּ עַל יִשְׂרָאֵל עַמֶּךָ, וְעַל יְרוּשָׁלַיִם עִירֶךָ, וְעַל צִיּוֹן מִשְׁכַּן כְּבוֹדֶךָ, וְעַל מִזְבְּחֶךָ וְעַל הֵיכָלֶךָ. וּבְנֵה יְרוּשָׁלַיִם עִיר הַקֹּדֶשׁ בִּמְהֵרָה בְיָמֵינוּ, וְהַעֲלֵנוּ לְתוֹכָהּ, וְשַׂמְּחֵנוּ בְּבִנְיָנָהּ, וְנֹאכַל מִפִּרְיָהּ, וְנִשְׂבַּע מִטּוּבָהּ, וּנְבָרֶכְךָ עָלֶיהָ בִּקְדֻשָּׁה וּבְטָהֳרָה.

for the fruits of the field and for the pleasant, good, and broad land that You were pleased to let our ancestors inherit, to eat its fruits and enjoy its goodness. HASHEM our God, have mercy on Israel, Your nation; on Jerusalem, Your city; on the Temple Mount, the resting place of Your honor; on Your Altar; and on Your *Bais Hamikdash*. Rebuild Jerusalem, Your holy city, quickly in our lifetime; bring us there, let us rejoice in its rebuilding, eat its fruit, and be satisfied with its goodness. We will bless You for it in holiness and purity.

This *berachah* continues on the next page.

On the Sabbath:

And may it please You to make us
healthy on this Sabbath day.

וּרְצֵה וְהַחֲלִיצֵנוּ בְּיוֹם הַשַּׁבָּת הַזֶּה.

On Rosh Chodesh:

And remember us for good things
on this Rosh Chodesh.

וְזָכְרֵנוּ לְטוֹבָה בְּיוֹם רֹאשׁ הַחֹדֶשׁ הַזֶּה.

On Pesach:

And make us happy
on this *Yom Tov* of Matzos.

וְשַׂמְּחֵנוּ בְּיוֹם חַג הַמַּצּוֹת הַזֶּה.

On Shavuos:

And make us happy
on this *Yom Tov* of Shavuos.

וְשַׂמְּחֵנוּ בְּיוֹם חַג הַשָּׁבֻעוֹת הַזֶּה.

On Rosh Hashanah:

And remember us for good things
on this Day of Rememberance.

וְזָכְרֵנוּ לְטוֹבָה בְּיוֹם הַזִּכָּרוֹן הַזֶּה.

On Succos:

And make us happy
on this *Yom Tov* of Succos.

וְשַׂמְּחֵנוּ בְּיוֹם חַג הַסֻּכּוֹת הַזֶּה.

On Shemini Atzeres and Simchas Torah:

And make us happy
on this *Yom Tov* of Shemini Atzeres.

וְשַׂמְּחֵנוּ בְּיוֹם הַשְּׁמִינִי חַג הָעֲצֶרֶת הַזֶּה.

For You, HASHEM, are good and
You do good for everyone; so we
thank You for the land and for the

כִּי אַתָּה יהוה טוֹב וּמֵטִיב לַכֹּל,
וְנוֹדֶה לְּךָ עַל הָאָרֶץ וְעַל

After food made from flour:

nourishing food. We bless You,
HASHEM, for the Land and for the
nourishing food.

הַמִּחְיָה. בָּרוּךְ אַתָּה יהוה, עַל
הָאָרֶץ וְעַל הַמִּחְיָה.

After grape juice or wine:

fruit of the grapevine. We bless
You, HASHEM, for the Land and for
the fruit of the grapevine.

פְּרִי הַגָּפֶן. בָּרוּךְ אַתָּה יהוה, עַל
הָאָרֶץ וְעַל פְּרִי הַגָּפֶן.

After fruit:

fruit.∞ We bless You, HASHEM, for
the Land and for the fruit.∞

הַפֵּרוֹת. ∞ בָּרוּךְ אַתָּה יהוה, עַל
הָאָרֶץ וְעַל הַפֵּרוֹת. ∞

∞If the fruit grew in *Eretz Yisrael,* substitute וְעַל פֵּירוֹתֶיהָ, *and for its fruit.*

יהוה אֱלֹהֵינוּ מֶלֶךְ הָעוֹלָם,
בּוֹרֵא נְפָשׁוֹת רַבּוֹת וְחֶסְרוֹנָן, עַל
כָּל מַה שֶּׁבָּרָא(תָ) לְהַחֲיוֹת בָּהֶם נֶפֶשׁ כָּל
חָי. בָּרוּךְ חֵי הָעוֹלָמִים.

We bless You, HASHEM our God, King of the whole world, Who creates many living things and supplies their needs, for all that You have created to keep every being alive. We bless You, Who gives life to the world.